너른 바다에서 자유롭게 헤엄치는 큰 고래처럼, 고래책빵은 아이들의 크고 자유로운 꿈을 책에 담습니다.
고래책빵은 책이 곧 마음의 빵이 되는 어린이 책을 만듭니다.

동시 따라 쓰기

펴낸날 2022년 8월 25일
4쇄 펴낸날 2024년 12월 2일

엮은이 고래책빵 편집부
펴낸이 주계수 | **편집책임** 이슬기 | **꾸민이** 이화선

펴낸곳 고래책빵 | **출판등록** 제 2018-000141 호
주소 서울시 마포구 양화로 156 LG팰리스빌딩 917호
전화 02-6925-0370 | **팩스** 02-6925-0380
홈페이지 www.bobbook.co.kr | **이메일** bobbook@hanmail.net

ⓒ 고래책빵 편집부, 2022
ISBN 979-11-89879-94-5 (73800)

※ 이 책은 저작권법에 따라 보호받는 저작물이므로 무단전재와 복제를 금합니다.

바른 손글씨를 연습하는 신나는 동시 놀이

칸 따라 꿈 따라
동시 따라 쓰기

고래책빵 편집부 엮음

와글와글 친구들이 직접 쓴 동시

반짝반짝 윤동주 외 시인들의 명시

두근두근 교과서 수록작 등 동시

시의 행과 연 알고 가기

행
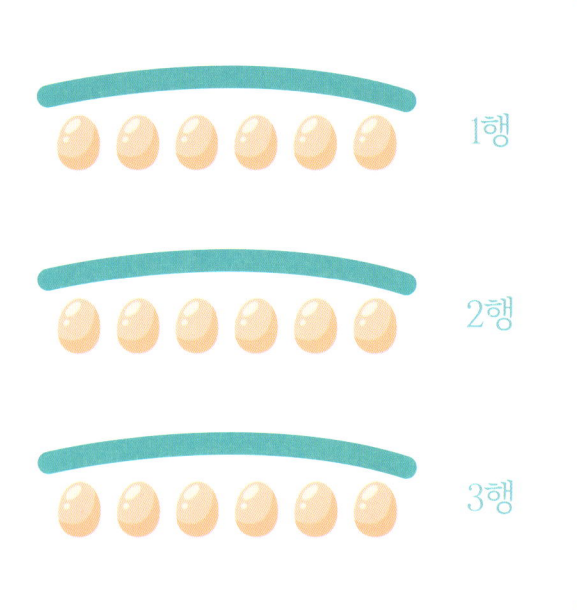

연
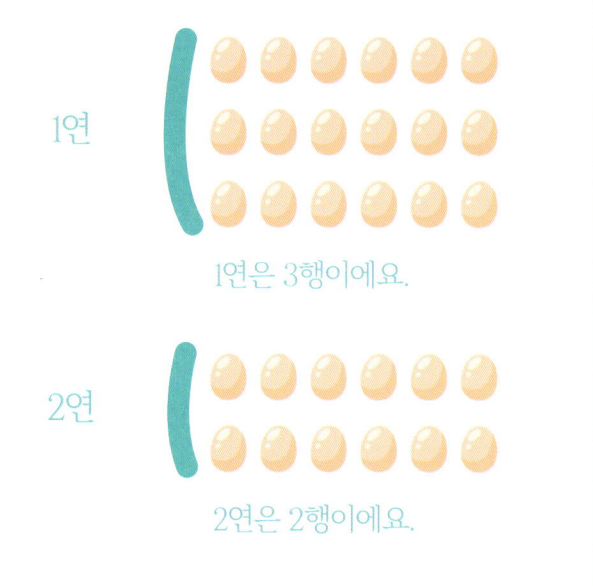

1연은 3행이에요.

2연은 2행이에요.

예시 1

너도 와 _ 이준관

1연
우리들은 집에 즐거운 일이 있으면 (1행)
다 부릅니다 (2행)
애들아 우리 집에 와 (3행)

2연
참새를 만나면 (1행)
참새야, 너도 와 (2행)

3연
노랑나비를 만나면 (1행)
노랑나비야, 너도 와 (2행)

4연
집에 즐거운 일이 있으면 (1행)
집이 꽉 찹니다. (2행)

▶ 이 시는 총 몇 연으로 구성되어 있나요?

▶ 이 시의 3연은 몇 행으로 구성되어 있나요?

▶ 정답은 맨 마지막 페이지에서 찾아보세요.

비유법 알고 가기

시를 보다 쉽게 이해하고, 시에 담긴 감정이나 기분이 잘 전달되도록 어떤 사물을 다른 사물에 빗대어 표현하는 기법입니다. 비유법에는 대표적으로 직유법, 은유법, 의인법, 풍유법, 대유법 등이 있습니다.

직유법: '~같이', '~처럼', '~듯이' 등의 연결어를 사용하여 표현하는 방법
▶ 예) 사과같이 예쁜 내 친구, 바다처럼 맑은 하늘 등

은유법: 표현하고자 하는 대상을 다른 대상에 동일시하여 표현하는 방법
▶ 예) 내 마음은 솜사탕, 너는 나의 해바라기 등

의인법: 사람이 아닌 동식물이나 무생물을 마치 사람과 같이 표현하는 방법
▶ 예) 구름이 달려간다, 파도가 화났다 등

풍유법: 속담이나 격언 등을 활용해서 풍자하고자 하는 뜻을 표현하는 방법
▶ 예) 고래 싸움에 새우 등 터진다, 하늘의 별 따기 등

예시 2

각 문장에 알맞은 비유법을 찾아보세요.

1) 마당에 부끄러움이 많은 벚꽃이 활짝 피었다
▶

2) 친구랑 시험 꼭 통과하자고 약속했더니 정말 통과했다. 말이 씨가 됐다! 야호!
▶

3) 호박처럼 크고 둥근 내 동생 엉덩이
▶

4) 언제나 엄마의 응원은 보약이다
▶

▶ 정답은 맨 마지막 페이지에서 찾아보세요.

차례

1부_ 동글동글 즐거운 우리

울면서 달려간다 ✽ 홍이지민 … 12

지각 ✽ 박옥경 … 14

몽당연필 ✽ 심강우 … 16

너도 와 ✽ 이준관 … 18

어린이 나라 선생님께 ✽ 성환희 … 20

내 마음 어디에 ✽ 이경희 … 22

내가 왜 몰라 ✽ 이준관 … 24

3초 효과 ✽ 이성자 … 26

콩아리와 쫑아리 ✽ 박미림 … 28

엄마는 마법사 ✽ 김남권 … 30

놀이 동시_ 내 친구 시 친구

약속해 ✽ 2학년 김하린 … 32

국어사전의 소원 ✽ 4학년 백승찬 … 34

2부_ 와글와글 신나는 놀이

새콤달콤 받아쓰기 * 임창아	38
히히 시간 * 김남권	40
힘센 핸드폰 * 서담	42
미술 시간 * 박옥경	44
샤워기 * 홍이지민	46
공기놀이 * 윤영숙	48
운동장 * 노여심	50
구구단 잘 외우는 법 * 박미림	52
동시童詩 저울 * 임창아	54
별을 만드는 청소기 * 심강우	56

놀이 동시_ 내 친구 시 친구

~란 * 4학년 강선재	58
스파게티 면과의 환상적인 모험 * 4학년 백승찬	60

3부_ 팔랑팔랑 자연의 속삭임

화가가 된 담쟁이 * 성환희	64
바람꽃 * 이성자	66
발자국 * 김고니	68
도토리 * 정명희	70
꿈꾸는 사과 씨앗 * 천선옥	72
꽃 물고기 * 조영민	74
눈 위에 발자국 * 이준관	76
맛있는 봄 찌개 * 김고니	78
별 * 공재동	80
달이 자꾸 따라와요 * 김남권	82

놀이 동시_ 내 친구 시 친구

빗방울 형제 * 4학년 강선재	84
하얀 점 * 6학년 신지승	86

4부_ 반짝반짝 옛 시인의 노래

호수 * 정지용　　　　　　　　　90

오리 * 권태응　　　　　　　　　92

형제별 * 방정환　　　　　　　　94

반딧불 * 윤동주　　　　　　　　96

둘 다 * 윤동주　　　　　　　　　98

병아리 * 윤동주　　　　　　　　100

시계 * 권태응　　　　　　　　　102

눈 * 윤동주　　　　　　　　　　104

편지 * 윤동주　　　　　　　　　106

여름 비 * 방정환　　　　　　　　108

놀이 동시_ 내 친구 시 친구

티라노사우루스 * 3학년 김은찬　　110

우유 * 4학년 강선재　　　　　　112

일러두기

- 어린이 시에 표기된 어린이 작가의 학년은 해당 시를 쓸 때의 학년입니다.
- 각 동시 제목 아래 낫표(『』)는 해당 동시가 실린 동시집 제목을 가리키며, 그다음은 작가 이름입니다.
- 옛 시인의 동시는 원문을 살리면서 일부 어휘와 띄어쓰기는 오늘날 맞춤법에 따랐습니다.

1부

동글동글 즐거운 우리

울면서 달려간다

『햄버거를 닮은 하루』* 홍이지민

누군가 다쳤나 보다
큰 사고가 났나 보다

구급차가
이엉이엉이엉
큰 소리로 울면서
달려간다

놀란 차들이
어서 가보라며
길을 비켜준다.

* 2021 문학나눔 선정

누군가 다쳤나 보다
큰 사고가 났나 보다

구급차가
이엉이엉이엉
큰 소리로 울면서
달려간다

놀란 차들이
어서 가보라며
길을 비켜준다.

지각

『바람 글씨』 박옥경

꿈속으로 해가 들어와
앗, 뜨거!
깨어보니

달팽이처럼
이불을 등에 지고 있네.

가방은 달팽이집보다 더 무거워
학교 가는 길이 멀기만 하네.

꿈속으로 해가 들어와
앗, 뜨거!
깨어보니

달팽이처럼
이불을 등에 지고 있네.

가방은 달팽이집보다 더
무거워
학교 가는 길이 멀기만
하네.

몽당연필

『마녀를 공부하는 시간』 심강우

키가 작다고
머리에 이빨 자국이 있다고
피부가 까칠해졌다고
삐뚤빼뚤 걷는다고

이제 와 본체만체하는 거니?

너 대신 말하느라 입이 뭉뚝해졌는데?
내 줄어든 키만큼 네 생각이 자랐는데도?

키가 작다고
머리에 이빨 자국이
있다고
피부가 까칠해졌다고
삐뚤빼뚤 걷는다고

이제 와 본체만체하는
거니?
너 대신 말하느라 입
이 뭉뚝해졌는데?
내 줄어든 키만큼 네
생각이 자랐는데도?

너도 와

『웃는 입이 예쁜 골목길 아이들』* 이준관

우리들은 집에 즐거운 일이 있으면
다 부릅니다
애들아 우리 집에 와

참새를 만나면
참새야, 너도 와

노랑나비를 만나면
노랑나비야, 너도 와

집에 즐거운 일이 있으면
집이 꽉 찹니다.

– 초등학교 1-2 국어교과서 수록

* 2018 문학나눔 선정

우리들은 집에 즐거운
일이 있으면
다 부릅니다
애들아 우리 집에 와

참새를 만나면
참새야, 너도 와

노랑나비를 만나면
노랑나비야, 너도 와

집에 즐거운 일이 있으
면
집이 꽉 찹니다.

어린이 나라 선생님께

『행복은 라면입니다』 성환희

뛰지 마라
넘어질라 피 날라

쉿!
애들아, 쉿 쉿 쉿

선생님, 제발
공부 좀 하세요

어린이는 멈추지 않고
뛰어야 해요 달려야 해요
큰 소리로 깔깔깔 웃어야 해요

자라는 중이거든요!

뛰지 마라
넘어질라 피 날라

쉿!
애들아, 쉿 쉿 쉿

선생님, 제발
공부 좀 하세요

어린이는 멈추지 않고
뛰어야 해요 달려야 해요
큰 소리로 깔깔깔 웃어야
해요

자라는 중이거든요!

내 마음 어디에

『바라만 보아도 좋아』 이경희

좋아하는 마음은
어디에 숨어 있는 걸까?

살랑살랑 불어 주는
바람 속

눈부시게 빛나는
햇살 속

저 파란
하늘에

아니면?

콩닥콩닥 뛰는
내 마음속에?

좋아하는 마음은
어디에 숨어 있는 걸까?

살랑살랑 불어 주는
바람 속

눈부시게 빛나는
햇살 속

저 파란
하늘에

아니면?

콩닥콩닥 뛰는
내 마음속에?

내가 왜 몰라

『웃는 입이 예쁜 골목길 아이들』* 이준관

- 어디 가니?
- 몰라

- 숙제 다 했니?
- 몰라

말은
모과처럼 퉁명스럽게 해도
얼굴은
모과처럼 못생겼어도

골목길에서 만난
내 친구

마음은 모과 향기 같은 걸
내가 왜 몰라.

* 2018 문학나눔 선정

- 어디 가니?
- 몰라

- 숙제 다 했니?
- 몰라

말은
모과처럼 퉁명스럽게 해도
얼굴은
모과처럼 못생겼어도

골목길에서 만난
내 친구

마음은 모과 향기 같은 걸
내가 왜 몰라.

3초 효과

『기특한 생각』* 이성자

선생님은 공부 시작하기 전에
짝꿍과 서로 눈을 맞추라고 해
딱 3초

어제 싸우고 토라져
말도 않고 헤어졌는데
어떻게 눈을 맞추겠어?

두 눈 내리깔고
마음속으로
똑딱 똑딱 똑딱

눈을 들어 올리는 순간
짝꿍 눈과 딱 마주쳤어
피식! 우리는 웃고 말았지.

* 2021 청소년 북토큰 도서 선정

선생님은 공부 시작하기 전에
짝꿍과 서로 눈을 맞추라고 해.
딱 3초

어제 싸우고 토라져
말도 않고 헤어졌는데
어떻게 눈을 맞추겠어?

두 눈 내리깔고
마음속으로
똑딱 똑딱 똑딱

눈을 들어 올리는 순간
짝꿍 눈과 딱 마주쳤어
피식! 우리는 웃고 말았지.

콩아리와 쫑아리

『숙제 안 한 날』* 박미림

우리 집 강아지 이름
콩콩콩
콩아리

내 별명
쫑알쫑알
쫑아리

학교 갔다 오면

심심했다고
놀아달라고
팔짝팔짝, 콩아리

기다려라 기다려
간식 좀 먹자고
공부가 얼마나 힘든 줄 아냐고
쫑알쫑알, 쫑아리.

* 2019 청소년 북토큰 도서 선정

우리 집 강아지 이름
콩콩콩
콩아리

내 별명
쫑알쫑알
쫑아리

학교 갔다 오면

심심했다고
놀아달라고
팔짝팔짝, 콩아리

기다려라 기다려
간식 좀 먹자고
공부가 얼마나 힘든 줄
아냐고
쫑알쫑알, 쫑아리.

엄마는 마법사

『엄마는 마법사』 김남권

엄마 떡볶이, 하고 소리치면
눈앞에 떡볶이가 떠억~
엄마 김밥, 하고 소리치면
눈앞에 김밥이 짜잔,
일렬로 누워있다
숙제한 거 까먹고 학교 가서
엄마 숙제, 하고 전화하면
번개처럼 교실에 짠~ 하고 나타나고
친구 집에 놀러 갔다가
엄마 보고 싶어 전화하면
총알보다 빠르게 짜짠, 나타난다
그렇지만 내가 진짜 신기한 건
아빠 얼굴 딱 한번 보고
아빠를 99% 복사한
나를 만들었다는 거다.

엄마 떡볶이, 하고 소리치면
눈앞에 떡볶이가 떠억~
엄마 김밥, 하고 소리치면
눈앞에 김밥이 짜잔,
일렬로 누워있다
숙제한 거 까먹고 학교 가서
엄마 숙제, 하고 전화하면
번개처럼 교실에 짠~ 하고
나타나고
친구 집에 놀러 갔다가
엄마 보고 싶어 전화하면
총알보다 빠르게 짜짠, 나타
난다
그렇지만 내가 진짜 신기한
건
아빠 얼굴 딱 한번 보고
아빠를 99% 복사한
나를 만들었다는 거다.

동시 놀이 – 내 친구 시 친구

약속해

『우리 반 과일장수』*
2학년 김하린

동생이랑 싸우지 말자
약속해

정리정돈을 잘하자
약속해

공부도 열심히 하자
약속해

울지 말고 씩씩하게 지내자
약속해

이 약속을 다 지키면
어른이 될까?

* 2020 세종도서 선정

상상력이 쑥쑥

😊 나는 어떤 것을 스스로 약속하면 좋을까요?

😊 나와 하는 약속을 짧은 시로 써보세요.

동시 놀이 – 내 친구 시 친구

국어사전의 소원

『코딱지 송』
4학년 백승찬

교실 책장 구석에서
국어사전이 말했다.

나도 동화책처럼
재미있는 이야기를 담고 싶은데

나도 만화책처럼
재미있는 만화를 담고 싶은데

나도 누가 읽어주면 좋겠다.

상상력이 쑥쑥

🧒 내가 되고 싶은 사물을 상상해 보세요.

🧒 사물로 변한 나의 모습을 상상하며 시로 표현해보세요.

2부
와글와글
신나는 놀이

새콤달콤 받아쓰기

『담과 담쟁이와 고양이』* 임창아

자두와 살구는
받아쓰기를 잘해요

새콤달콤한 말은
잘 받아쓰지만

아무리 가르쳐 줘도
쓴 말과 매운 말은 못 받아쓴대요.

* 2020 문학나눔 선정

자두와 살구는
받아쓰기를 잘해요

새콤달콤한 말은
잘 받아쓰지만

아무리 가르쳐 줘도
쓴 말과 매운 말은
못 받아쓴대요.

히히 시간

『1도 모르면서』 김남권

학교 가는 시간은 라라 시간
학원 가는 시간은 헉헉 시간
아빠 오는 시간은 쿨쿨 시간
엄마 오는 시간은 히히 시간

내 하루 일과표 중에
가장 신나는 시간을 맞춰봐.

학교 가는 시간은 라라 시간

학원 가는 시간은 헉헉 시간

아빠 오는 시간은 쿨쿨 시간

엄마 오는 시간은 히히 시간

내 하루 일과표 중에 가장 신나는 시간을 맞춰봐.

힘센 핸드폰

『아하 그렇구나』 서담

아빠 손목시계를 벗겼다
거실 전화기를 치웠다

단짝 친구 민우를 떼어냈다
벽에 붙은 달력도 떼어냈다

핸드폰이
아침마다 잠 깨워주던
알람시계 알람도 재워버렸다.

아빠 손목시계를 벗겼다 거실 전화기를 치웠다

단짝 친구 민우를 떼어냈다
벽에 붙은 달력도 떼어냈다

핸드폰이 아침마다 잠 깨워주던 알람시계 알람도 재워버렸다.

미술 시간

『바람 글씨』 박옥경

추운 겨울에도
분리수거가 잘 되었는지
쓰레기통을 또 들여다보는
경비아저씨

손과 발이 얼까 봐
크레파스로
분홍색 장갑을 껴드렸다
빨간색 부츠를 신겨드렸다

눈이 내려도
힘센 찬바람이 불어도
이제 안심이다.

추운 겨울에도
분리수거가 잘 되었는지
쓰레기통을 또 들여다보는
경비아저씨

손과 발이 얼까 봐
크레파스로
분홍색 장갑을 껴드렸다
빨간색 부츠를 신겨드렸다

눈이 내려도
힘센 찬바람이 불어도
이제 안심이다.

샤워기

『햄버거를 닮은 하루』* 홍이지민

물을 튼 순간,

휘휘휘휘
샤워기가 코브라처럼
몸을 비틀었다

쏴-아-

대가리를 번쩍 들어
내 얼굴을
마구 공격했다

-앗, 우욱 푸욱

재빨리
목을 잡아서
항복시켰다.

* 2021 문학나눔 선정

물을 튼 순간,

휘휘휘휘
샤워기가 코브라처럼
몸을 비틀었다

쏴-아-

대가리를 번쩍 들어
내 얼굴을
마구 공격했다

-앗. 우욱 푸욱

재빨리
목을 잡아서
항복시켰다.

공기놀이

『기쁨은 이런 맛』 윤영숙

모이고
흩어지고

줍고
뿌리고

받고
내어 뿜고

손 오므리고
손 벌리고

알 낳고
나이 키우고

공기놀이랑
우리 집이랑
닮은꼴.

모이고
흩어지고

줍고
뿌리고

받고
내어 뿜고

손 오므리고
손 벌리고

알 낳고
나이 키우고

공기놀이랑
우리 집이랑
닮은꼴.

운동장

『엄마는 언제부터 나를 사랑했을까』 노여심

야~~
운동장이다.
흙이 많다!

마구마구 뛰어가자!
신발에 흙 좀 들어가면 어때?
탈탈 털면 되지.

야~~
운동장이다.
시원하다!

마구마구 뛰어가자!
넘어지면 어때?
일어나면 되지.

야~~
운동장이다.
흙이 많다!

마구마구 뛰어가자!
신발에 흙 좀 들어가면
어때?
탈탈 털면 되지.

야~~
운동장이다.
시원하다!

마구마구 뛰어가자!
넘어지면 어때?
일어나면 되지.

구구단 잘 외우는 법

『숙제 안 한 날』* 박미림

공부는
재활용이 최고야
어제 배운 구구단
한 번 쓰고 버리면
아깝잖아

떡볶이값 계산할 때
엄청 크게, 한 번 외고

길 가다가 심심하면
개미에게 뽐내고

한밤중에 중얼중얼
잠꼬대로, 몇 번 하고

어떠니
입에 척척 붙지?

* 2019 청소년 북토큰 도서 선정

공부는
재활용이 최고야
어제 배운 구구단
한 번 쓰고 버리면
아깝잖아

떡볶이값 계산할 때
엄청 크게, 한 번 외고

길 가다가 심심하면
개미에게 뽐내고

한밤중에 중얼중얼
잠꼬대로, 몇 번 하고

어떠니
입에 척척 붙지?

동시童詩 저울

『담과 담쟁이와 고양이』* 임창아

이 저울 사용하면

지구와 티끌 무게가 같고
코끼리 방귀랑 비둘기 하품 무게가 같고
염소 구름과 빗방울 무게가 같지

그러나
이 저울 사용하려면

코끼리 말 알아들을 귀와
비둘기 타고 하느님 보러 갈 배짱과
구름을 운전할 면허증과
빗방울 모조리 모을 긴긴 팔이 있어야 해.

* 2020 문학나눔 선정

이 저울 사용하면

지구와 티끌 무게가 같고
코끼리 방귀랑 비둘기 하품
　무게가 같고
염소 구름과 빗방울 무게가
　같지

그러나
이 저울 사용하려면

코끼리 말 알아들을 귀와
비둘기 타고 하느님 보러
갈 배짱과
구름을 운전할 면허증과
빗방울 모조리 모을 긴긴
팔이 있어야 해.

별을 만드는 청소기

『마녀를 공부하는 시간』 심강우

먼지가 모여
별이 된대

위이잉
지금 난
별을 만드는 중이야

숙제하지 않은 벌로
별을 만들어야 해

안방
누나 방
내 방
주방

윙윙
위이잉
아마
내 방에서
가장 큰 별이 탄생할 거야.

먼지가 모여
별이 된대

위이잉
지금 난
별을 만드는 중이야

숙제하지 않은 벌로
별을 만들어야 해

안방
누나 방
내 방
주방

윙윙
위이잉
아마
내 방에서
가장 큰 별이 탄생할 거야.

동시 놀이 - 내 친구 시 친구

~란

『시 주머니 어따 놨어』
4학년 강선재

음식 코스란
그 전보다 더 정성껏 만든 음식 먹는 차례

사람이란
부드러운 구름 하나씩 들고
폴짝폴짝
뛰는 것

공부란
내 꿈을 위해
도와주는
한 칸의 계단

사랑이란
마음에
희망이 하나 생긴 것.

상상력이 쑥쑥

🧑 ~란, ~같이, ~처럼 등을 사용해서 문장을 만들어보세요.

✏️ _____

✏️ _____

✏️ _____

✏️ _____

🧑 위의 문장을 활용하여 나만의 시로 완성해 보세요.

동시 놀이 - 내 친구 시 친구

스파게티 면과의 환상적인 모험

『코딱지 송』
4학년 백승찬

스파게티 면을 가지고
여행을 간다.

아~ 피곤해. 말을 타야지.
난 스파게티 면으로 채찍을 만들었어.
이랴이랴!

심심해. 친구와 통화하고 싶어!
난 스파게티 면으로 전화선을 만들었어.
여보세요??

윽. 낭떠러지에 떨어졌어.
난 스파게티 면으로 줄을 만들었어.
영차영차!

드디어 도착!
동굴 속으로 쏘~옥!

- 2022년 어린이조선일보 문예상 특선작

상상력이 쑥쑥

🧑 **내가 좋아하는 음식으로 무엇을 만들 수 있을까요?**

🧑 **상상으로 만들어낸 것을 재미있게 시로 써보세요.**

화가가 된 담쟁이

『행복은 라면입니다』 성환희

그냥 걸었어

내 맘대로

위, 아래, 왼쪽, 오른쪽
길이 아닌 곳 없더라

그런데 지나가는 사람들이 나보고
자꾸 이런 말을 해

우와! 그림 멋지다.

그냥 걸었어

내 맘대로

위, 아래, 왼쪽,
오른쪽
길이 아닌 곳 없더라

그런데 지나가는 사람
들이 나 보고
자꾸 이런 말을 해

우와! 그림 멋지다.

바람꽃

『기특한 생각』* 이성자

누가 아기 바람을
풀어놓았을까?

내 창문으로 다가와
기웃거리더니

들로 산으로
거침없이 돌아다니더니

어느새 훌쩍 자라서
들판의 꽃 되었다

뜨거운 여름 하얗게 핀
바람꽃 되었다.

* 2021 청소년 북토큰 도서 선정

누가 아기 바람을
풀어놓았을까?

내 창문으로 다가와
기웃거리더니

들로 산으로
거침없이 돌아다니더니

어느새 훌쩍 자라서
들판의 꽃 되었다

뜨거운 여름 하얗게 핀
바람꽃 되었다.

발자국

『완이의 잠꼬대』 김고니

새가 지나간 발자국은
하늘이 되고

아기가 지나간 발자국은
아침이 되고

바람이 지나간 발자국은
햇살이 된다

발자국이 길을 만든다

돌아보면,
나를 따라오는 발자국
내 발자국은 무엇이 될까?

새가 지나간 발자국은
하늘이 되고

아기가 지나간 발자국은
아침이 되고

바람이 지나간 발자국은
햇살이 된다

발자국이 길을 만든다

돌아보면,
나를 따라오는 발자국
내 발자국은 무엇이 될까?

도토리

『병아리 한 마리 키우고 싶다』 정명희

다람쥐는 숨겨 놓은
도토리 몇 알 깜박했지 뭐야

겨울 지나자 도토리 몇 알
비 맞고 순이 나왔지

쏘옥 올라온 보드라운 잎
파릇파릇 살아 있었어

뽀송뽀송한 털
간지럼을 느끼게 해
도토리 숲의 예고편이야.

다람쥐는 숨겨 놓은
도토리 몇 알 깜빡했지
뭐야

겨울 지나자 도토리 몇
알
비 맞고 순이 나왔지

쏘옥 올라온 보드라운 잎
파릇파릇 살아 있었어

뽀송뽀송한 털
간지럼을 느끼게 해
도토리 숲의 예고편이야.

꿈꾸는 사과 씨앗

『해바라기가 된 우산』 천선옥

파르스름한 사과 위로
푸른 바람이 흔들흔들

불그스름한 사과 위로
빨간 햇살이 흔들흔들

사각사각 꿈꾸는 사과 씨앗

둥그런 그늘 딛고
해님 등에 업힌 사과 씨앗

어느새, 빨간 우주선이 되어 날아오르네.

파르스름한 사과 위로
푸른 바람이 흔들흔들

불그스름한 사과 위로
빨간 햇살이 흔들흔들

사각사각 꿈꾸는 사과
씨앗

둥그런 그늘 딛고
해님 등에 업힌 사과
씨앗

어느새, 빨간 우주선이
되어 날아오르네.

꽃 물고기

『내가 좋아하는 집』 조영민

들판에
무리 지어 핀 꽃들은
물고기 떼 같아

꽃들도
커다란 물고기에게
쫓기는 걸까?

바람이 불 때마다
이쪽저쪽
헤엄치며 몰려다녀

그때마다 민들레 씨가
뽀글뽀글
물방울처럼 올라가네.

들판에
무리 지어 핀 꽃들은
물고기 떼 같아

꽃들도
커다란 물고기에게
쫓기는 걸까?

바람이 불 때마다
이쪽저쪽
헤엄치며 몰려다녀

그때마다 민들레 씨가
뽀글뽀글
물방울처럼 올라가네.

눈 위에 발자국

『흥얼흥얼 흥부자』* 이준관

나보다 먼저
눈 위에 발자국
꼭꼭꼭
찍고 간 아이

누굴까?
꼭꼭꼭
만나고 싶네

그 아이 발자국에
내 발자국
포개어 보네

발자국이
딱, 맞네

마음도
딱, 맞을 것 같네.

* 2021 우수출판콘텐츠, 2021 올해의 좋은 동시집 선정

나보다 먼저
눈 위에 발자국
꼭 꼭 꼭
찍고 간 아이

누굴까?
꼭 꼭 꼭
만나고 싶네

그 아이 발자국에
내 발자국
포개어 보네

발자국이
딱. 맞네

마음도
딱, 맞을 것 같네.

맛있는 봄 찌개

『완이의 잠꼬대』 김고니

엄마가 뚝배기에 끓인 된장찌개,
감자랑 두부가 꽃을 피운다

아빠 입에 들어간 감자는
민들레 노란 꽃
엄마가 먹은 두부는
하얀 목련

보글보글 찌개 끓는 소리는
봄비를 닮았다

저녁을 두 그릇이나 먹었다

뱃속 한가득
봄꽃이 피겠다.

엄마가 뚝배기에 끓인 된장찌개,
감자랑 두부가 꽃을 피운다

아빠 입에 들어간 감자는
민들레 노란 꽃
엄마가 먹은 두부는
하얀 목련

보글보글 찌개 끓는 소리는
봄비를 닮았다

저녁을 두 그릇이나 먹었다

뱃속 한가득
봄꽃이 피겠다.

별

『초록 풀물』* 공재동

즐거운 날 밤에는
한 개도 없더니
한 개도 없더니

마음 슬픈 밤에는
하늘 가득
별이다.

수만 개일까
수십만 갤까

울고 싶은 밤에는
가슴에도
별이다.

온 세상이
별이다.

– 초등학교 5-2 국어교과서 수록

* 2018 문학나눔 선정

즐거운 날 밤에는
한 개도 없더니
한 개도 없더니.

마음 슬픈 밤에는
하늘 가득
별이다.

수만 개일까
수십만 갤까

울고 싶은 밤에는
가슴에도
별이다.

온 세상이
별이다.

달이 자꾸 따라와요

『엄마는 마법사』 김남권

엄마랑 손잡고 외갓집 가는 길
달이 자꾸 따라와요
내가 달랑달랑 걸어가면
달도 달랑달랑 달랑달랑 따라오고
내가 깡충깡충 뛰어가면
달도 깡충깡충 따라오고
외할머니랑 아침 먹고
엄마 손잡고 집에 오는 길
달은 한숨도 안 자고
나만 따라와요
달랑달랑 깡충깡충
달랑달랑 깡충깡충
달은 자꾸자꾸 나만 따라와요.

- 2021 〈KBS창작동요대회〉 노랫말 우수상 수상작

엄마랑 손잡고 외갓집 가는 길
달이 자꾸 따라와요
내가 달랑달랑 걸어가면
달도 달랑달랑 달랑달랑
따라오고
내가 깡충깡충 뛰어가면
달도 깡충깡충 따라오고
외할머니랑 아침 먹고
엄마 손잡고 집에 오는 길
달은 한숨도 안 자고
나만 따라와요
달랑달랑 깡충깡충
달랑달랑 깡충깡충
달은 자꾸자꾸 나만 따라와요.

동시 놀이 – 내 친구 시 친구

빗방울 형제

『시 주머니 어따 놨어』
4학년 강선재

전깃줄에
빗방울 형제가 매달려 있다
아무도 모르게
술래잡기 중이다

동생이 쫓아가면
형은 도망간다
형이 쫓아오면
동생이 도망간다

이제
집에 갈 때가 됐나 보다
또로로 함께 달려간다.

비가 오는 날에 필요한 물건을 칸에 맞춰서 그려보세요.

 오늘의 날씨를 관찰하고 짧은 시로 써보세요.

동시 놀이 – 내 친구 시 친구

하얀 점

『우리 반 과일장수』*
6학년 신지승

방학이 끝나고
하나둘 모이는
까맣게 탄 친구들

나는 태국에서!
나는 강원도에서!
나는 워터파크에서!

까맣게 탄 친구들의
여행 자랑기가
난 신나지 않다

놀지도 않는데 우리 아빤
너무 타셨어

아빠를 원망도 못 하는
나는
우리 교실 하얀 점.

– 눈높이아동문학대전 대상작

* 2020 세종도서 선정

상상력이 쑥쑥

😊 방학 때 가장 기억에 남는 일을 써보세요.

😊 그때 기분을 떠올리며 시로 표현해보세요.

4부

반짝반짝
옛 시인의 노래

호수

정지용

얼굴 하나야
손바닥 둘로
폭 가리지만,

보고 싶은 마음
호수만 하니
눈 감을 밖에.

얼굴 하나야
손바닥 둘로
폭 가리지만,

보고 싶은 마음
호수만 하니
눈 감을 밖에.

오리

권태응

둥둥 엄마 오리,
못 물위에 둥둥.

동동 아기 오리,
엄마 따라 동동.

풍덩 엄마 오리,
못 물속에 풍덩.

퐁당 아기 오리,
엄마 따라 퐁당.

둥둥 엄마 오리,
못 물위에 둥둥.

동동 아기 오리,
엄마 따라 동동.

풍덩 엄마 오리,
못 물속에 풍덩.

퐁당 아기 오리,
엄마 따라 퐁당.

형제별

방정환

날 저무는 하늘에
별이 삼 형제
반짝반짝
정답게 지내더니,

웬일인지 별 하나
보이지 않고,

남은 별이 둘이서
눈물 흘린다.

날 저무는 하늘에
별이 삼 형제
반짝반짝
정답게 지내더니,

웬일인지 별 하나
보이지 않고,

남은 별이 둘이서
눈물 흘린다.

반딧불

윤동주

가자 가자 가자
숲으로 가자
달조각을 주으러
숲으로 가자.

그믐밤 반딧불은
부서진 달조각,

가자 가자 가자
숲으로 가자
달조각을 주우러
숲으로 가자.

가자 가자 가자
숲으로 가자
달조각을 주으러
숲으로 가자.

그믐밤 반딧불은
부서진 달조각,

가자 가자 가자
숲으로 가자
달조각을 주우러
숲으로 가자.

둘 다

윤동주

바다도 푸르고
하늘도 푸르고

바다도 끝없고
하늘도 끝없고

바다에 돌 던지고
하늘에 침 뱉고

바다는 벙글
하늘은 잠잠.

바다도 푸르고
하늘도 푸르고

바다도 끝없고
하늘도 끝없고

바다에 돌 던지고
하늘에 침 뱉고

바다는 벙글
하늘은 잠잠.

병아리

윤동주

"뾰, 뾰, 뾰,
엄마 젖 좀 주."
병아리 소리.

"꺽, 꺽, 꺽,
오냐, 좀 기다려."
엄마닭 소리.

좀 있다가
병아리들은
엄마 품으로
다 들어갔지요.

"뾰, 뾰, 뾰,
엄마 젖 좀 주."
병아리 소리.

"꺽, 꺽, 꺽,
오냐, 좀 기다려."
엄마닭 소리.

좀 있다가
병아리들은
엄마 품으로
다 들어갔지요.

시계

권태웅

시계는 밥 먹으면
배만 부르면

낮에도 밤에도 잠도 안 자고
즐거워 똑닥똑닥 노래합니다.

시계는 허기지면
배만 고프면

즐겁게 부르던 똑닥 노래도
뚝 그만 그치고는 잠만 잡니다.

시계는 밥 먹으면
배만 부르면

낮에도 밤에도 잠도
안 자고
즐거워 똑닥똑닥 노
래합니다.

시계는 허기지면
배만 고프면

즐겁게 부르던 똑닥
노래도
뚝 그만 그치고는
잠만 잡니다.

눈

윤동주

지난밤에
눈이 소오복이 왔네

지붕이랑
길이랑 밭이랑
추워한다고
덮어 주는 이불인가 봐

그러기에
추운 겨울에만 내리지.

지난밤에
눈이 소오복이 왔네

지붕이랑
길이랑 밭이랑
추워한다고
덮어 주는 이불인가 봐

그러기에
추운 겨울에만 내리지.

편지

윤동주

누나!
이 겨울에도
눈이 가득히 왔습니다.

흰 봉투에
눈을 한 줌 넣고
글씨도 쓰지 말고
우표도 붙이지 말고
말쑥하게 그대로
편지를 부칠까요?

누나 가신 나라엔
눈이 아니 온다기에.

누나!
이 겨울에도
눈이 가득히 왔습니다.

흰 봉투에
눈을 한 줌 넣고
글씨도 쓰지 말고
우표도 붙이지 말고
말쑥하게 그대로
편지를 부칠까요?

누나 가신 나라엔
눈이 아니 온다기에.

여름 비

방정환

여름에
오는 비는
나쁜 비예요.
굵다란 은젓가락
내리던져서
내가 만든
꽃밭을
허문답니다.

여름에
오는 비는
엉큼하여요.
하얀 비단실을
슬슬 내려서,
연못의
금잉어를
낚는답니다.

여름에
오는 비는
나쁜 비에요.
굵다란 은젓가락
내리던져서
내가 만든
꽃밭을
허문답니다.

여름에
오는 비는
엉큼하여요.
하얀 비단실을
슬슬 내려서,
연못의
금잉어를
낚는답니다.

동시 놀이 – 내 친구 시 친구

티라노사우루스

『공룡 동시』
3학년 김은찬

나는
외로운 사냥꾼.

외로운 것도 서러운데
앞발까지 짧으니
아이고 내 팔자야.

가지고 있는 건 겨우 이빨들….
저를 미워하지 말아요.
저는 그저
외로운 사냥꾼.

상상력이 쑥쑥

🧑 **내가 좋아하는 동물과 그 동물의 특징을 적어보세요.**

🧑 **좋아하는 동물을 생각하며 짧은 시를 써보세요.**

동시 놀이 - 내 친구 시 친구

우유

『시 주머니 어따 놨어』
4학년 강선재

우유는 왜 하얄까?
잘 생각해봐
우유를 먹고
마음이 하얘져서
친구들 잘 도와주라고
하지만 머릿속은
하얘지면 안 돼.

상상력이 쑥쑥

🍄 좋아하는 음식과 그 음식의 모양, 맛, 느낌 등을 적어보세요.

✏️ _____

✏️ _____

✏️ _____

✏️ _____

🍄 앞에 쓴 문장들을 활용해 나만의 시로 만들어보세요.

고래책빵 동시집 시리즈

1. 웃는 입이 예쁜 골목길 아이들_이준관 (2018 문학나눔, 2019 이주홍 문학상, 초등1-2 국어 수록동시 포함)
2. 초록 물풀_공재동 (2018 문학나눔, 초등5-2 국어 수록동시 포함)
3. 숙제 안 한 날_박미림 (2019 청소년 북토큰 도서)
4. 해바라기가 된 우산_천선옥
5. 봄이와 송이_이혜영
6. 1도 모르면서_김남권 (2019 강원아동문학상)
7. 아하, 그렇구나!_서 담
8. 담과 담쟁이와 고양이_임창아 (2020 문학나눔)
9. 하늘로 달리는 버스_서 담
10. 바람 글씨_박옥경
11. 기특한 생각_이성자 (2021 청소년 북토큰 도서)
12. 완이의 잠꼬대_김고니
13. 햄버거를 닮은 하루_홍이지민 (2021 문학나눔)
14. 기쁨은 이런 맛_윤영숙
15. 바라만 보아도 좋아_이경희
16. 내가 좋아하는 집_조영민
17. 마녀를 공부하는 시간_심강우
18. 행복은 라면입니다_성환희
19. 병아리 한 마리 키우고 싶다_정명희
20. 흥얼흥얼 흥부자_이준관 (2021 우수출판콘텐츠 선정, 어린이문화대상 수상, 2021 올해의 좋은 동시집 선정)
21. 엄마는 언제부터 나를 사랑했을까_노여심
22. 엄마는 마법사_김남권
23. 콩닥거리는 가슴_윤동미
24. 누가 훔쳐 갈까_전종옥
25. 내가 꽃이 되는 날_김경련 (2021 대산창작기금)
26. 함께하면 좋잖아_윤영훈
27. 고래가 살지 않는 집_김영서
28. 나는 누굴까?_박현주

29. 선생님 복수 타임_김남권
30. 넌, 참 좋은 친구야!_노여심
31. 바빠 바이러스_이성자
32. 꽃잎 먹는 달팽이_김고니
33. 나비의 기도_문성란
34. 행복하자 친구야_류숙자

(예시 1) ▶ 정답: 4연 / 2행
(예시 2) ▶ 정답: 1) 의인법   2) 풍유법   3) 직유법   4) 은유법